Luca will weg

Kids

Verlag an der Ruhr

Impressum

Titel
KidS – Klassenlektüre in drei Stufen
Luca will weg – Lesestufe 3

Autorin
Annette Weber

Titelbildmotiv und Illustrationen im Innenteil
Axel Nicolai

Verlag an der Ruhr
Mülheim an der Ruhr
www.verlagruhr.de

Ab 7 Jahre

ISBN 978-3-8346-2482-6

Printed in Germany

Begleitendes Unterrichtsmaterial:
KidS – Literatur-Kartei: „Luca will weg“
3-fach differenzierter Lesebegleiter
ISBN 978-3-8346-2483-3

Inhalt

Aufregung beim Judo

In diesen Sommerferien hatte sich Klara zusammen mit ihren Freundinnen Linda und Jelka zum Judotraining angemeldet. Sie hatte nach den Ferien ihre erste Prüfung für den gelben Gurt und wollte diese Prüfung unbedingt schaffen. Allerdings war das Training ziemlich anstrengend.

„Übt zu Hause noch einmal den O-Goshi“, sagte der Trainer. Klara seufzte leise und warf sehnsüchtig einen Blick aus dem Fenster der Turnhalle. Bei dem schönen Wetter wäre sie viel lieber draußen gewesen.

Da sah sie gedankenverloren einen Jungen unter einem Baum stehen. Er hatte eine kleine, weiß-braune Ratte bei sich, die ihm auf der Schulter saß. Sah die süß aus! Klara lächelte verträumt.

„Klara, hörst du zu?“, fragte der Trainer plötzlich. Er konnte sehr streng sein, wenn es sein musste. Erschrocken starrte Klara ihn an.

„Ihr sollt auch die Falltechnik noch mal üben. Hört ihr?“, sagte er.

Klara nickte. „Also, dann.“ Der Trainer wartete, bis es ganz still wurde. „Rei!“, sagte er. Dann legte er seine Hände auf die Matte und verneigte sich. Klara und die anderen Judoschüler machten es ihm nach. Endlich Schluss!

Alle Kinder sprangen auf und liefen zum Umkleideraum hinüber. Jetzt konnte Klara endlich aus diesem harten Judoanzug heraus in ihre gemütliche Jeans und das T-Shirt schlüpfen. Doch an der Tür blieben alle wie angewurzelt stehen. Was war denn hier passiert?

Anoraks lagen auf dem Boden, Rucksäcke waren aufgerissen. Überall lagen Kleidungsstücke und Essbares.

„Das gibt es doch nicht!“, rief Jelka erschrocken.

„Jemand hat unsere Sachen durchsucht!“, kreischte Linda panisch.

Klara stand nur der Mund offen. Jetzt hörten sie auch, wie sich die Jungen nebenan aufregten:

„Jemand hat was geklaut!“

„Meine Jacke ist weg!“

„Jemand hat meine Brotdose gestohlen!“

„Ich glaube, mir fehlt ein Euro!“

Nun tauchte auch der Trainer im Umkleideraum auf. „Das kann doch nicht wahr sein!“, rief er nervös. „Jemand muss sich in die Umkleideräume geschlichen haben.“ Seine Augen wanderten dabei aufmerksam durch den Raum.

Da fiel Klara der unbekannte Junge mit der Ratte wieder ein, der so ziellos unter dem Baum stand. „Vielleicht war er es“, vermutete sie. Alle redeten jetzt durcheinander.

Aber niemand hatte den Jungen gesehen.

Niemand außer Klara.

Kurze Zeit später kam die Polizei, die der Trainer gerufen hatte. Sie stellten viele Fragen und machten sich Notizen. Kleidung und Essen war gestohlen worden. Auch ein bisschen Geld fehlte.

Klara erzählte von dem unbekannten Jungen. „Man weiß nicht, ob er der Dieb ist“, sagte der Polizist schließlich. „Für einen Verdacht reicht das nicht aus.“

Klaras Schwestern

Als Klara aus der Turnhalle kam, stand ihre große Schwester bereits vor der Tür und wartete. Klaras Eltern waren für fünf Tage in den Urlaub gefahren.
In dieser Zeit sollten sich Klaras große Schwestern Sanja und Greta um sie kümmern. Es war das erste Mal, dass die Eltern ohne Kinder in den Urlaub fuhren. Sie wagten das auch nur, weil Klaras Oma ein paar Straßen weiter wohnte. Klara fand es spannend, mit ihren Schwestern allein zu sein.
Als sie Greta vor der Turnhalle stehen sah, lief sie ihr aufgeregt entgegen. „Bei uns in der Umkleide wurde eingebrochen“, sprudelte sie hervor.
„Ich glaube, ich habe den Dieb gesehen.“
Greta aber grinste spöttisch. „Und woran hast du gesehen, dass er der Dieb war“, fragte sie. „Hatte er ein T-Shirt an, auf dem ‚Dieb‘ stand?“

Da musste Klara lachen. Aber sie dachte auch nach: Wie kam sie eigentlich darauf, dass dieser Junge der Dieb sein könnte. „Ich weiß auch nicht. Er sah so … so … so traurig aus“, meinte sie dann. Aber Greta hörte eigentlich gar nicht mehr zu. Sie zerrte ungeduldig an Klaras Arm. „Komm, beeil dich. Sanja hat heute Milchreis gemacht.“ Jetzt strahlte Klara wieder über das ganze Gesicht. Milchreis war ihr Lieblingsessen. Und dann machte sie sich eilig mit Greta zusammen auf den Rückweg. Als die beiden zu Hause ankamen, hatte Sanja schon den Tisch gedeckt. Schnuffel, der große Bärenhund, lief fröhlich auf Klara zu, um seine Umarmung zu erhalten. „Ich bin total hungrig“, rief Klara und ließ sich auf den Stuhl am Tisch fallen.
Der Milchreis war köstlich. Danach räumten die drei Mädchen den Tisch ab. Das war Schnuffels Zeichen. Sofort sprang er schwanzwedelnd auf. Nach dem Essen durfte er nämlich immer nach draußen. Heute war Greta an der Reihe, mit ihm Gassi zu gehen.

„Kommst du mit, Klara?“, fragte Greta ihre kleine Schwester. Klara nickte. Sie liebte es, mit Schnuffel rauszugehen. Die Runde war immer lustig.

Doch kaum waren sie in den Park eingebogen, blieb Greta plötzlich stehen und sah sich um. „Kannst du mal mit Schnuffel allein weitergehen?“, fragte sie geheimnisvoll. Wir können uns ja nachher am Spielplatz treffen.“

Klara verdrehte die Augen. Sie wusste genau, warum Greta sie um den Gefallen bat. Ihre große Schwester wollte sich nämlich heimlich mit ihrem neuen Freund Tobias treffen. Das hatte sie schon einige Male gemacht.
„Mach ich“, sagte Klara und nahm die Leine an sich. Greta zögerte. „Aber sag Sanja nichts“, flüsterte sie ihr zu. Klara nickte und legte ihren Finger auf die Lippen. Sie konnte Geheimnisse gut für sich behalten, das wusste Greta auch.
Klara ging ein Stück mit Schnuffel am See entlang. Schließlich kehrte sie zum Spielplatz zurück. Weil niemand dort war, ließ sie Schnuffel von der Leine und setzte sich auf die Bank.
Doch plötzlich bellte Schnuffel wie wild.
Und Klara hörte eine ängstliche Kinderstimme:
„Verschwinde! Los, weg hier!“
Sie kam aus dem Holzhäuschen. Klara stand auf und ging zu dem Häuschen hinüber.
Was für eine Überraschung: Hier saß ein Junge.
Er hatte eine kleine Ratte bei sich.

Der Junge hatte zwei Anoraks wie Decken auf der Bank ausgebreitet und es sich darauf gemütlich gemacht. Auf dem Tisch stand eine Brotdose. Eine kleine, weiß-braune Farbratte saß davor und nagte an dem Brot. Als sie den unerwarteten Besuch bemerkte, hörte sie auf, zu fressen. Sie schaute erst Klara und dann Schnuffel an – und schwups – war sie im Ärmel des Jungen verschwunden. Klara erkannte ihn sofort. „Hallo“, sagte sie.

Der Junge im Park

Der Junge antwortete nicht. Er drehte Klara den Rücken zu und griff in die Brotdose. Schnuffel schnupperte interessiert in der ganzen Hütte herum. „Schnuffel, mach Platz!“, ordnete Klara streng an.
Da setzte sich der Hund brav neben Klara.
„Du kannst deine Ratte ruhig wieder rausholen“, meinte Klara freundlich. „Schnuffel tut ihr nichts.“
Doch der Junge sagte immer noch kein Wort.
Aber die kleine Ratte schien Klara verstanden zu haben. Sie steckte erst ihren Kopf aus dem Ärmel und schaute sich vorsichtig um, dann kletterte sie heraus und setzte sich auf den Anorak.
Klara erkannte den Anorak: Er gehörte Jelka.
„Wenn Jelka wüsste, dass eine Ratte auf ihrem Anorak sitzt, würde sie schrecklich schreien“, sagte Klara herausfordernd, musste aber bei dem Gedanken grinsen.
Der Junge sah sie mit zusammengekniffenen Augen an. „Das ist mein Anorak“, erwiderte er trotzig.

Klara schüttelte den Kopf: „Das stimmt nicht. Der gehört meiner Freundin Jelka.“ Sie ließ ihren Blick wieder durch das Spielhäuschen wandern. „Und diese blaue Brotdose gehört Timo. Der ist auch in meiner Judogruppe.“

Der Junge sah ängstlich aus. „Quatsch!“, sagte er unsicher. Klara musterte ihn genauer.

Er war etwa so alt wie sie. Warum saß er hier allein im Spielhäuschen? Es wurde doch schon bald Abend. Und warum hatte er die Anoraks und die Brotdose geklaut?

„Bist du abgehauen?“, fragte Klara neugierig.

„Quatsch!“, sagte der Junge wieder. Er sah Klara immer noch nicht an, sondern starrte auf den Boden.

Die kleine Ratte aber schaute neugierig zu Klara herüber. „Darf ich deine Ratte mal streicheln?“, versuchte Klara, das Eis zu brechen. Der Junge zögerte zuerst, nickte aber dann schließlich.

Klara streckte die Hand aus.

Da kam die Ratte zu ihr gelaufen.

Klara streichelte die kleine Ratte liebevoll. „Sie heißt Nelly“, sagte der Junge. „Und wie heißt du?“, wollte Klara wissen. „Luca“, antwortete er nach kurzem Zögern. „Und du?“ „Ich bin Klara“, sagte Klara fröhlich und musste schmunzeln. Endlich hatte sie den Jungen zum Sprechen gebracht. Klara setzte sich nun zu Luca ins Spielhäuschen. „Was machst du hier?“, fragte sie noch einmal. „Du bist doch abgehauen, stimmt's?“ Der Junge schluckte. Seine Augen glitzerten. Dann nickte er. „Also doch. Aber warum?“, fragte Klara. Luca sah nun immer trauriger aus. Tränen stiegen in seine Augen. „Meine Eltern haben sich gestritten“, flüsterte er. Klara wunderte sich. Das war ja eine seltsame Erklärung. „Das kann doch mal passieren“, sagte sie. „Meine Eltern streiten sich auch mal. Aber deswegen …“

„Meine Eltern haben sich aber ganz schlimm gestritten“, unterbrach sie der Junge. „Dann hat meine Mutter ihren Koffer gepackt und ist verschwunden.“ Über Klaras Rücken lief ein Schauer. „Und du?“, fragte sie, aber sie kannte die Antwort schon. „Da bin ich auch abgehauen“, murmelte Luca. Dann schwiegen beide.

Klaras Geheimnis

„Klara?“, tönte plötzlich Gretas Stimme über den Spielplatz. „Wo bist du denn?“ Schnuffel bellte fröhlich und rannte in Richtung Gretas Stimme. Luca zuckte zusammen und sah Klara ängstlich an. Er packte die Brotdose schnell in seinen Rucksack und schnappte seinen Anorak.

„Keine Angst“, flüsterte Klara beruhigend. „Das ist nur meine Schwester. Ich verrate dich nicht.“ Luca entspannte sich etwas, blieb aber misstrauisch.

Klara stand auf, ging vor das Spielhäuschen und schaute sich nach Greta um. Die stand ungeduldig am Rand des Parks und wartete. Schnuffel war schon bei ihr und ließ sich kraulen. „Ich komme gleich!“, rief Klara laut. Dann wandte sie sich wieder an Luca. „Bleibst du die ganze Nacht hier?“ Luca nickte. „So lange, bis Mama wieder da ist.“ „Aber woher willst du denn wissen, wann sie wieder da ist?“, fragte Klara verwundert.

„Ich schaue, ob ihr Auto vor der Tür ist“, antwortete Luca. „Und heute war es noch nicht da.“ Klara verstand und seufzte. Wahrscheinlich schlich Luca jeden Tag am Haus der Eltern vorbei in der Hoffnung, seine Mutter wäre zurückgekommen.

Es war wirklich gemein von seiner Mutter, einfach so wegzugehen. Aber ob Lucas Flucht daran irgendetwas ändern würde?

„Dann komme ich morgen wieder“, versprach Klara. „Und ich bringe dir etwas zu essen mit.“ Luca versuchte, zu lächeln. Trotzdem sah er immer noch sehr traurig aus. Er murmelte etwas, das wie ‚Danke‘ klang. Auch Klaras Stimmung war mittlerweile im Keller.

„Wo bleibst du denn?“, rief Greta ungeduldig. Jetzt musste Klara aber schnell verschwinden, bevor Greta noch zum Spielhäuschen rüberkommen würde. „Tschüss bis morgen“, flüsterte sie. Ihr fiel es sehr schwer, Luca allein zu lassen …

Am nächsten Morgen regnete es. Sofort musste Klara an Luca denken. Wenn er wirklich die ganze Nacht im Kinderhäuschen verbracht hatte, war er bestimmt durchgefroren. Und ganz sicher hatte er Hunger. Als Klara in die Küche kam, hatte Sanja schon Frühstück gemacht. „Hallo, Sanja", begrüßte Klara sie. „Jelka und ich wollen gleich am Spielplatz zusammen picknicken. Machst du uns ein paar Brote?"

„Picknicken? Bei dem Wetter?“, rief Sanja überrascht. „Wir setzen uns ins Spielhäuschen“, entgegnete Klara. Sie war richtig überrascht, wie gut sie schwindeln konnte. Aber schließlich war es ja auch gar nicht richtig gelogen. Sanja schöpfte auf jeden Fall keinen Verdacht. Sie belegte Brote mit Nutella, Erdbeermarmelade und Salami.
Klara packte zwei Päckchen Kakao und eine Flasche Saft in ihren Rucksack. Außerdem nahm sie noch eine warme Decke und ein weiches Kissen mit. „Bis später“, rief sie Sanja zu und machte sich auf den Weg zum Spielplatz.

Luca saß tatsächlich noch im Kinderhäuschen. Er sah ziemlich durchgefroren aus. Als er Klara sah, lächelte er, aber es war ein trauriges Lächeln. Wortlos kuschelte er sich in die Decke. Die Nacht war kalt und feucht gewesen.
Dann machte sich Luca gierig über die Brote her. Auch Nelly hatte Hunger …

Klara fütterte die kleine Ratte. Das Frühstück dauerte fast eine Stunde. Luca, Klara und Nelly aßen, tranken und schwiegen. „Wie soll das mit dir weitergehen?“, fragte Klara schließlich besorgt. Sollte Luca etwa tage- oder wochenlang in diesem Häuschen verbringen? Luca zuckte die Schultern. „Weiß ich auch nicht“, sagte er. „Nach Hause gehe ich jedenfalls nicht.“

Ein neues Versteck

Der Regen hörte einfach nicht auf. Längst hatten Klara und Luca alle Vorräte verputzt. Jetzt saßen sie schweigend da und starrten in den Regen. Luca wirkte völlig abwesend. „Wie kann ich ihm bloß helfen?“, dachte Klara immer wieder.
Und dann kam ihr die Idee! Zu ihrer Wohnung gehörte ein Kellerraum, den der Vater als Werkraum benutzte. Der war bestimmt ein gutes Versteck für Luca. „Luca, ich habe eine gute Idee“, sprudelte sie heraus.
Und dann erzählte sie von dem Kellerraum.
„Die anderen Mieter kommen nur mal in den Keller, wenn sie den Müll wegbringen müssen. Wenn du sie hörst, musst du ganz leise sein.“
Luca nickte. „Klar“, sagte er.
„Dort gibt es sogar ein Sofa zum Schlafen. Und am Ende des Flures ist ein kleines Badezimmer“, fügte Klara hinzu.

Wieder nickte Luca. Er sah jetzt ganz erleichtert aus und die Farbe kehrte in sein Gesicht zurück. Das nasskalte Wetter hatte ihm ganz schön zu schaffen gemacht. „Komm mit!“, rief Klara. Die beiden Kinder standen auf und zogen ihre Anoraks an. Den Müll verstauten sie im Rucksack. Nelly schlüpfte in Lucas Ärmel. Dann liefen sie durch den Regen.
Klara rannte voran, Luca folgte ihr dicht auf den Fersen. Endlich waren sie an Klaras Haus angekommen. An der Haustür machte Klara Luca ein Zeichen, sich hinter der Hauswand zu verstecken. Dann klingelte sie. Der Türsummer ertönte. „Ich bin‘s, Klara!“, rief Klara laut nach oben. Dann winkte sie Luca zu sich.
Luca schlüpfte leise hinter Klara in den Hausflur.

Klara zeigte auf die Kellertreppe.
„Geh schon mal runter“, flüsterte sie.
„Ich muss nur noch den Schlüssel holen.
Und pass auf, dass dich niemand sieht.“
Luca nickte. Leise schlich er die Treppe hinunter.
In der Zwischenzeit rannte Klara zur Wohnung hoch. Sanja stand bereits in der Wohnungstür und begrüßte sie. „Das war ja ein langes Picknick“, sagte sie etwas misstrauisch. „Und das bei dem Regen.“
„Wir waren doch im Spielhäuschen“, erklärte Klara schnell. Doch jetzt brauchte sie eine Ausrede für den Kellerschlüssel. Sie überlegte kurz. Da sah sie den vollen Mülleimer in der Ecke stehen. „Soll ich den mal in den Keller bringen?“, fragte sie. Sanja sah Klara überrascht an. Sie war doch noch nie auf diese Idee gekommen.
„Wenn du willst“, sagte Sanja gleichgültig und zuckte mit den Schultern. Klara nahm den Müll und griff den Kellerschlüssel.
Das ging ja leichter, als sie gedacht hatte …

„Bin gleich wieder da“, rief Klara, während Sanja kopfschüttelnd an der Tür stehen blieb. Dann lief sie die Kellertreppe hinunter. Unten wartete Luca schon ungeduldig auf sie. Er war wieder sehr blass im Gesicht. „Ich dachte schon, du kommst nicht mehr“, murmelte er. „Klar komme ich“, sagte Klara lächelnd. Sie führte Luca um die Ecke zum Kellerraum. Dann schloss sie die Tür auf.

Wer ist da?

Am nächsten Morgen brachte Klara Brötchen und Kakao in den Keller. Luca lächelte: „Wenn ich dich nicht hätte.“ Die Nacht allein im Keller war ziemlich unheimlich gewesen. Klara sah zu, wie sich Luca hungrig über die Brötchen und den Kakao hermachte. Für Nelly hatte Klara Rosinen mitgebracht. Auch die kleine Ratte hatte Hunger. Nelly kam sofort angelaufen und setzte sich auf Klaras Hand.

„Weißt du schon, ob du heute …“, begann Klara, brach dann aber ab und horchte. Die beiden Kinder schreckten auf. Jemand kam die Kellertreppe herunter. „Psst“, machte Luca erschrocken.

Klara und Luca lauschten ängstlich. Die Schritte waren jetzt stehen geblieben. Niemand wagte, zu atmen. Sogar Nelly hörte auf, zu knabbern. Jetzt setzten sich die Schritte wieder in Bewegung und kamen direkt auf die Tür zu. Luca sprang panisch auf und versteckte sich hinter dem Sofa. Doch Nelly erstarrte vor Schreck und blieb auf dem Tisch sitzen. Da wurde die Tür auch schon aufgerissen. Sanja stand im Türrahmen. Gott sei Dank, nur Sanja!

„Hallo, Sanja!“, sagte Klara so unschuldig wie möglich. Aber Sanja starrte nur mit großen Augen auf die Ratte. Nelly stand immer noch bewegungslos mit einer Rosine zwischen den Zähnen auf dem Tisch und starrte zurück.

„Was machst du hier?“, fragte Sanja verwundert. „Und was ist das für ein Tier?“

„Das ist Nelly“, erklärte Klara schnell. „Ich habe sie gestern auf dem Spielplatz gefunden. Und weil ich dachte, du magst sie nicht, habe ich sie hier versteckt.“ Klara hatte zuletzt schon so viele Lügen erzählt. Da kam es auf eine auch nicht mehr an. „Ist das eine Ratte?“, fragte Sanja entsetzt und machte ein angewidertes Gesicht. Klara suchte noch nach einer guten Antwort, doch da fiel Nelly plötzlich ihr Fluchtinstinkt wieder ein. Sie sprang vom Tisch und flitzte hinter das Sofa – genau dorthin, wo sich Luca versteckt hatte. „Wo ist sie?“, fragte Sanja verwundert. Misstrauisch ging sie um den Tisch herum und warf einen Blick hinter das Sofa.

Da starrte sie auch schon in Lucas weit aufgerissene Augen – die Ratte auf seiner Schulter. Vor Schreck schrie Sanja auf und auch Luca gab ein erschrockenes „Oh!“ von sich. Jetzt gab es nichts mehr zu verheimlichen. „Das ist Luca“, erklärte Klara. „Er ist mein Freund.“

Luca zögerte keine Sekunde. Er hielt Nelly fest und rannte zur Kellertür. Aber Klara stellte sich ihm in den Weg. „Warte!“, rief sie. „Du musst keine Angst haben. Das ist Sanja, meine Schwester. Sie hilft dir ganz bestimmt weiter.“ Luca zögerte. Mit der Hand auf der Türklinke starrte er Sanja unsicher an. „Ich tue dir wirklich nichts“, versprach Sanja mit einem freundlichen Lächeln. „Bist du abgehauen?“ Luca antwortete nicht.

Wie soll es jetzt weitergehen?

Luca war auf der Hut, das bemerkte Klara sofort. Er wusste nicht, was er von Sanja zu erwarten hatte. „Komm mit nach oben“, sagte Klara und fasste ihn an die Hand. Sie spürte, wie er zitterte. Verlegen schüttelte er ihre Hand ab.
„Ich helfe dir wirklich“, versicherte Sanja.
„Na gut“, brummte Luca schließlich und entspannte sich etwas. Dann ging er mit den beiden nach oben. Sanja führte Luca in die Küche. Dort setzte er sich auf die Eckbank. Klara nahm neben ihm Platz.
Sanja murmelte etwas wie „komme gleich“ und ging ins Wohnzimmer. Kurze Zeit später hörten die beiden Kinder, wie Sanja und Greta leise miteinander sprachen. Luca lauschte angestrengt, konnte aber nichts verstehen. Er wurde jetzt wieder etwas nervöser. Da tauchte Greta in der Küche auf. Sie nickte Luca freundlich zu. Aber wo war Sanja geblieben?

„Hallo“, sagte Greta. „Das ist ja eine Überraschung! Sanja hat mir gerade erzählt, dass du dich im Keller versteckt hast. Erzähl doch mal, was mit dir los ist. Warum bist du abgehauen?“

Greta zog einen Stuhl an den Tisch und setzte sich zu den beiden. Klara beobachtete Greta genau. Ob sie Luca wirklich helfen würde?

Ihre Schwestern konnten manchmal ziemlich gemein sein. Aber Greta war diesmal wirklich freundlich. Luca taute allmählich auf. Dann erzählte er ihr alles:
Wie sich seine Eltern gestritten hatten.
Wie seine Mutter weggefahren war.
Und wie er schließlich abgehauen war.
Während er sprach, traten ihm wieder die Tränen in die Augen und er rückte immer dichter an Klara heran. Nun kam auch Sanja wieder zurück und setzte sich zu ihnen. Auch sie hörte aufmerksam zu. „Bestimmt machen sich deine Eltern große Sorgen“, sagte sie. „Sie suchen dich doch überall.“ „Sollen sie doch“, brummte Luca verärgert. Klara hatte das Gefühl, Luca unterstützen zu müssen: „Dann sehen sie erst mal, wie schlimm das für Luca ist“, fügte sie hinzu. „Und vielleicht bleiben sie dann ja doch zusammen“, ergänzte Luca seufzend.
Man konnte spüren, dass das sein größter Wunsch war.

„Meinst du?“ Greta sah nicht sehr überzeugt aus. „Ganz bestimmt!“ entgegnete Luca trotzig. Nelly hatte es sich auf seiner Hand bequem gemacht. Klara beugte sich gerade zu ihr hinüber, um sie zu streicheln. Dabei glitt ihr Blick zufällig zum Fenster hinüber. Aber was war das denn? Ein Polizeiwagen parkte vor ihrem Haus. Gerade stiegen zwei Polizisten aus, setzten ihre Mützen auf und schlugen die Autotür hinter sich zu.

„Die Polizei?“, murmelte Klara. „Was wollen die denn hier?“ Doch Luca verstand sofort: Wie der Blitz sprang er auf, schnappte sich Nelly und rannte zur Tür. „Mist!“, schrie er laut. „Wie gemein!“ Sanja versuchte noch, aufzuspringen, um ihn aufzuhalten, aber Luca war schneller. Bevor die Schwestern reagieren konnten, war er schon verschwunden. „Luca!“, rief Klara ihm nach. Sie schaute hektisch zum Fenster. Die Polizisten standen jetzt direkt vor der Haustür und wollten gerade klingeln. Klaras Gedanken überschlugen sich: Wer hatte sie angerufen? Das konnte nur Sanja gewesen sein. Wie unendlich gemein und hinterhältig! „Du gemeine Kuh!“, brüllte Klara. Vor Wut traten ihr Tränen in die Augen. Sie sprang auf und rannte zur Tür.

Sie konnte Luca jetzt nicht allein lassen. Doch Greta stellte sich ihr eiskalt in den Weg und versuchte, sie festzuhalten. Das war ein Fehler! Wozu hatte Klara denn wochenlang den O-Goshi im Judo geübt?

Sie löste sich blitzschnell aus der Umklammerung, fasste Gretas rechten Arm, zog ihren Körper über die Schulter und schleuderte Greta auf den harten Küchenboden. So gut war ihr der Griff noch nie gelungen! Greta konnte sich nicht entscheiden, ob sie vor Schmerz jammern oder vor Wut fluchen sollte. Sanja stand nur sprachlos in der Ecke.
Klara warf noch einen verächtlichen Blick auf ihre Schwestern, dann rannte sie aus der Wohnung.

Gemeinsame Flucht

Klaras Gedanken glühten: Durch den Vordereingang konnte Luca nicht fliehen. Da wäre er den Polizisten direkt in die Arme gelaufen. Natürlich: der Keller! Am Ende des Kellerflures gab es eine Hintertür. Von dort führte eine Treppe nach draußen in den Garten. Klara stürmte den Kellerflur entlang. Tatsächlich: Die Tür war offen. Sicher hatte Luca diesen Weg genommen. Klara rannte die Außentreppe hoch bis in den Garten und schaute sich hektisch um – hinter den großen Baum, hinter die Büsche … „Luca?“ schrie sie. Keine Spur von ihm. Sie lief bis zum Gartenzaun. Dann kletterte sie hinüber und lief durch den nächsten Garten. Natürlich hätte Luca in alle Richtungen weglaufen können, wurde Klara nun verzweifelt bewusst. „Luca?“, rief sie immer wieder. „Luca, wo bist du?“ Doch es gab kein Lebenszeichen von ihm. Tränen liefen über Klaras Gesicht. Das war alles ihre Schuld! Luca hatte ihr vertraut.

Klara hatte Luca versichert, er wäre in Sicherheit. Dabei war er in eine Falle geraten. Eine Falle ihrer fiesen Schwestern! Greta und Sanja waren so furchtbar hinterhältig. Blind vor Tränen stolperte Klara weiter. Sie wusste nicht mehr, wo sie war.

Sie lief durch ein unbekanntes Gartentor. Schließlich kam sie an einer Straße an. „Luca?“, rief sie noch einmal. Aber es kam keine Antwort. Luca blieb verschwunden. Da wurde Klara klar, dass sie Luca vielleicht für immer verloren hatte.

Klara konnte durch ihre Tränen kaum noch etwas sehen. Verzweifelt setzte sie sich auf eine kleine Mauer und hielt die Hände vor ihr Gesicht. Ihr blieb wohl nichts anderes mehr übrig, als zu ihren blöden Schwestern zurückzukehren. Und was sollte sie bloß der Polizei erklären? Plötzlich hörte sie eine Stimme neben sich. „Hi!“ Klara fuhr herum und blickte in zwei große, traurige, dunkelblaue Augen. Luca lächelte. Gleichzeitig sah er verloren aus.

Klara sprang auf und drückte ihn ganz fest. „Ich dachte schon, ich sehe dich nie wieder“, schluchzte sie. „Und ich hätte nicht gedacht, dass du mitkommst“, erwiderte Luca erleichtert. Beide waren so glücklich, dass sie sich wiederhatten. Zu zweit war das alles viel leichter zu ertragen. Ohne richtiges Ziel bummelten die beiden durch die Gegend – bis in die Innenstadt. Dann bogen sie in die Fußgängerzone ein. Hier wanderten sie immer wieder auf und ab.

In dem geschäftigen Treiben achtete niemand auf die beiden Kinder. Aber nach einigen Stunden wurden ihre Füße schwerer und schwerer. Außerdem wurden beide müde und hungrig. Schließlich hielt es Klara nicht mehr aus. Sie setzte sich auf eine Bank vor dem Kaufhaus und zog Luca neben sich.

„Was sollen wir jetzt machen?“, fragte sie. „Wir können doch nicht die ganze Nacht hier herumlaufen.“ Luca dachte nach. Plötzlich hatte Luca eine Idee. „Komm mit!“, sagte er. Dann zog er sie zu dem großen Kaufhaus hinüber.
„Und was machen wir da drin?“, wollte Klara wissen. „Wir haben doch kein Geld. Außerdem wird es schon spät …“
„Mal gucken, wo man sich hier gut verstecken kann“, war Lucas Antwort. Klara war das nicht so geheuer, aber Luca hatte seine Sicherheit wiedergefunden.

Ein unheimlicher Plan

Luca und Klara fuhren mit der Rolltreppe bis ins oberste Stockwerk. Hier streiften sie eine Weile ziellos herum und bewunderten unverschämt teure Taschen und riesengroße Fernseher. In der Wäscheabteilung stand ein großes Bett. Es war mit bunter Bettwäsche bezogen und sah sehr gemütlich aus. „Na bitte, da haben wir ja schon mal ein Bett", flüsterte Klara Luca zu. Sie kicherte, als ob ihr Vorschlag ein Scherz gewesen wäre. Doch Luca nickte und sagte ernsthaft: „Wir können hier wirklich übernachten." „Aber wie …", wollte Klara gerade protestieren, da tönte auch schon die Stimme durch den Lautsprecher: „Meine Damen und Herren, bitte beenden Sie nun Ihren Einkauf. Wir schließen in wenigen Minuten."
„Komm mit", flüsterte Luca Klara zu. Dann bewegte er sich so unauffällig wie möglich auf die Umkleidekabinen zu. Klara blieb dicht an seiner Seite.

Alle Vorhänge der Kabinen waren zur Seite geschoben. Niemand war mehr da. Luca schaute in die letzte Kabine der Reihe, nickte Klara zu und hockte sich auf den kleinen Hocker. Klara schaute sich noch einmal ängstlich um und huschte dann zu Luca in die Kabine. „Soll ich den Vorhang zumachen?“, fragte sie. Luca schüttelte den Kopf. „Dann wundern die sich nur.“ Nebeneinander hockten sie nun in der kleinen Kabine und warteten.

„Niemand mehr da!“, hörten sie jemanden rufen. Nun wurde es immer stiller und stiller im Haus. Noch einmal hörten sie Schritte auf dem Flur, leise Stimmen, die sich entfernten, das Klimpern eines Schlüsselbundes, dann wurde alles totenstill.

Klara sah Luca ängstlich an. Ihr Herz klopfte so laut, dass man es wahrscheinlich noch auf der Straße hören konnte. Luca zwinkerte Klara zu, doch auch er wirkte sehr angespannt. Plötzlich ging das Licht aus und es war mit einem Mal schwarz wie die Nacht. Klara stieß einen leisen, quietschenden Schrei aus, doch Luca hielt seine Hand vor ihren Mund. Jetzt wurde Klara bewusst, was für eine Dummheit sie begangen hatten: Eine Nacht im Kaufhaus zu verbringen, war unfassbar unheimlich. Nach ein paar Minuten regungsloser Starre stand Luca vorsichtig auf. Er schlich aus der Kabine und schaute sich um. Die Augen hatten sich an die Dunkelheit gewöhnt. „Komm“, flüsterte er. „Das Notlicht ist an. Man kann etwas sehen.“

Klara folgte Luca vorsichtig aus der Kabine. „Ist wirklich keiner mehr da?“, fragte sie ängstlich. Luca schüttelte den Kopf. Die Kinder lauschten. Es war so furchtbar still. Klara lief ein kalter Schauer den Rücken herunter. „Ich hole uns mal etwas zu essen und zu trinken“, flüsterte Luca. Aber Klara hielt ihn panisch fest. „Lass mich nicht allein!“, zischte sie. „Ich habe furchtbare Angst.“ Klara würde sich niemals trauen, allein durch das dunkle Kaufhaus zu wandern. Luca spürte, wie sie zitterte. „Ich habe gar keinen Hunger“, flüsterte Klara. „Ich auch nicht“, gab Luca zu. „Weißt du noch, wo das Bett gestanden hat?“, fragte Klara. Luca nickte und griff ihre Hand. Sie war eiskalt. Dann führte er sie durch die Abteilung. Die beiden Kinder schlichen an Kleiderständern vorbei und zwischen hohen Regalen hindurch. Das rötlich schimmernde Notlicht warf gespenstische Schatten in die Flure. Doch bei Luca fühlte sich Klara einigermaßen sicher. Nach kurzer Zeit standen sie genau vor dem Bett.

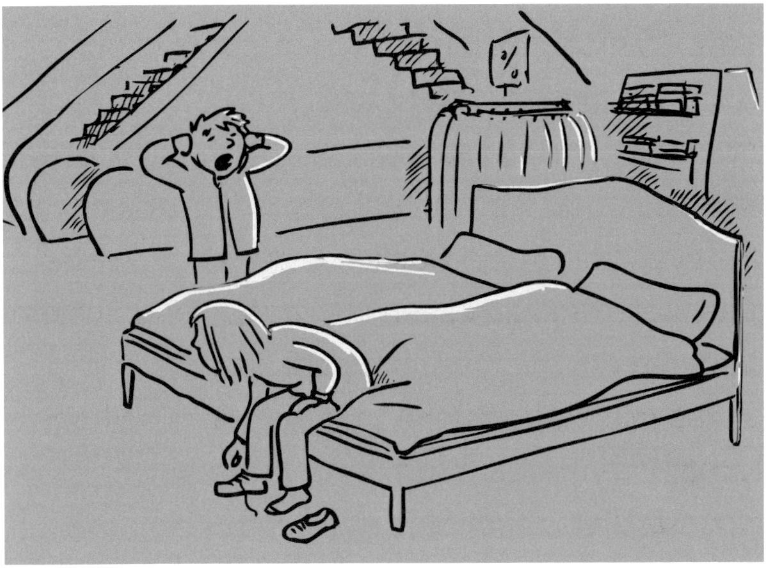

Klara merkte erst jetzt, wie müde sie war. Auch Luca wollte nur noch schlafen. Sie zogen nur ihre Schuhe und ihren Anorak aus. Dann ließen sie sich ins Bett fallen und deckten sich zu. Klara ließ noch einmal ihren Blick über die unheimlich schimmernde Etage schweifen, kniff dann die Augen zu und zog die Decke über den Kopf. Nach nur zwei Minuten waren beide eingeschlafen.

Eine sehr kurze Nacht

Klara schreckte hoch. Ihr Herz raste und sie atmete schnell und flach. Wie lange hatten sie geschlafen? 10 Minuten? 3 Stunden? Luca hatte sie plötzlich an den Arm gefasst. „Was ist ..?“ „Psst!“ Da! Schwere Schritte kamen auf sie zu. Lucas Finger krallten sich in Klaras Arm und beide erstarrten in schrecklicher Angst.
Wer war das? Sollten sie sich unter dem Bett ..? Zu spät! Der grelle Lichtschein einer Taschenlampe leuchtete genau in ihr Gesicht.

„Das gibt es doch nicht!“, dröhnte eine Männerstimme. „Paul? Komm mal rüber! Ich glaub, ich hab sie.“ Klara und Luca wurden kreidebleich und bekamen vor Angst kaum noch Luft. Plötzlich Schritte von der anderen Seite! Ein zweiter Mann tauchte aus dem Schatten auf. Jetzt konnten die Kinder erkennen, dass beide Polizeiuniformen trugen. „Gott sei Dank! Polizei! Keine Einbrecher“, schoss es Klara durch den Kopf. Doch da sprang Luca auch schon auf, schnappte Nelly und versuchte, zu flüchten. Aber die Polizisten hatten ihm schon den Weg abgeschnitten. „Nicht so eilig, junger Mann“, sagte einer der beiden und hielt Luca mit eisernem Griff fest. Dann leuchtete er ihm mit seiner Taschenlampe ins Gesicht und sah ihn genauer an. Luca verzog das Gesicht und kniff die Augen zusammen. „Luca Fischer, nicht wahr?“, fragte der Polizist streng. „Und die junge Dame ist Klara Kaufmann?“ „Woher wissen Sie ..?“, stotterte Luca und hörte auf, sich zu wehren.

Da platzte dem Polizisten der Kragen: „Ja, was glaubt ihr denn, was hier los ist?“, rief er wütend. „Die ganze Stadt sucht nach euch! Eure Eltern sind fix und fertig!“ Klara bekam sofort ein schlechtes Gewissen: „Ich wäre schon nach Hause gekommen“, sagte sie. „Aber das weiß man ja leider nicht!“, meckerte der Polizist weiter. „Vor allem deine Eltern …“, wandte er sich vorwurfsvoll an Luca, „ … haben schon seit vier Tagen kein Auge mehr zugemacht! Es gibt ja auch genügend Kinder, die nicht mehr zurückkommen.“

„Und deine Eltern haben ihren Urlaub abgebrochen!“, ergänzte der Kollege und sah Klara streng an. Dann zog er sein Funkgerät aus der Tasche. „Wir haben sie!“, rief er hinein. „Kaufhaus Reichstein am Marktplatz.“

„Los, zieht eure Schuhe an!“, ordnete der andere Polizist an. „Eure Eltern warten auf der Polizeiwache auf euch.“

Die beiden Polizisten nahmen Luca und Klara in ihre Mitte und führten sie nach draußen. Anscheinend befürchteten sie einen weiteren Fluchtversuch.

„Na, das wird ein schönes Donnerwetter geben“, murmelte einer der beiden. Luca räusperte sich. „Das ist alles meine Schuld“, erklärte er. „Klara ist nur mitgekommen, weil sie mir helfen wollte.“

„Das kannst du gleich deinen Eltern erklären“, brummte der andere Polizist etwas genervt.

Hatte er gerade tatsächlich ‚Eltern' gesagt? Luca überlegte einen Moment. „Meine Eltern?", frage er dann. „Waren sie beide da? Wissen Sie, ob sie wieder zusammen sind?" „Sah ganz so aus", sagte der Polizist. Er klang jetzt freundlicher. Fast war sogar ein kleines Lächeln in seinem Gesicht zu erkennen. „Deine Eltern hielten sich ganz fest an der Hand." „Oh!", sagte Luca glücklich. Zum ersten Mal seit Tagen fühlte er sich richtig leicht.

Sie verließen das Kaufhaus durch den Haupteingang auf den Marktplatz hinaus. Dort stand bereits ein Polizeiwagen mit blinkendem Blaulicht. Ein weiterer Polizist lehnte mit verschränkten Armen an dem Wagen und öffnete die Tür, als die vier ankamen.

Die Polizisten setzten Klara und Luca auf die Rückbank. Dort fasste Luca Klaras Hand. „Danke, dass du die ganze Zeit zu mir gehalten hast", flüsterte er ihr zu. „Jetzt gibt's bestimmt gleich einen Riesenärger."

Klara lächelte. „Aber wenn deine Eltern wieder zusammen sind, ist es doch halb so schlimm“, sagte sie. Einen Moment schwiegen sie. „Klara“, sagte Luca dann. „Du bist die beste Freundin, die ich habe.“ Klara lächelte in die Dunkelheit. „Und du mein allerbester Freund“, flüsterte sie.

Schlagzeilen aus der Region

Vermisste Kinder wieder aufgetaucht

In der Nacht von Donnerstag auf Freitag wurden die beiden vermissten Kinder Luca Fischer und Klara Kaufmann von der Polizei aufgegriffen. Der 9-jährige Luca war vergangenen Sonntag nach einem Familienstreit von zu Hause weggelaufen. Auf der Flucht hatte er am Dienstag die gleichaltrige Klara Kaufmann kennengelernt. Sie versteckte ihn zunächst in einem Kellerraum ihrer Eltern. Später flüchtete sie mit ihm weiter.

Die Flucht endete schließlich am frühen Freitagmorgen im Kaufhaus Reichstein am Marktplatz. Ein aufmerksamer Kunde bemerkte kurz vor Ladenschluss die beiden Kinder, die sich im Bereich der Umkleidekabinen aufhielten.

Als dieser in den Abendnachrichten Fotos der vermissten Kinder sah, erkannte er sie sofort wieder und verständigte die Polizei.
Die ausgerückten Kollegen fanden die beiden Kinder schließlich schlafend in einem Bett der Textilabteilung.

Am frühen Morgen konnten Luca und Klara schließlich zu ihren erleichterten Eltern zurückkehren. Lucas Eltern hatten in der Zwischenzeit ihren eigenen Streit längst vergessen.

Über die Autorin

Hallo du!
Ich freue mich sehr, dass du mein Buch „Luca will weg“ gelesen hast. Ich habe es nämlich sehr gerne geschrieben.
Mein Name ist Annette Weber. Ich lebe mit meiner Familie in Bad Lippspringe, einer kleinen Stadt in Westfalen. Seit etwa 30 Jahren schreibe ich Bücher für Kinder und Jugendliche. Früher habe ich als Grundschullehrerin gearbeitet, aber seit zehn Jahren schreibe ich nur noch. Meinen Beruf liebe ich über alles. Wenn die Tastatur meines Computers klappert, bin ich richtig glücklich.

Es würde mich sehr interessieren, wie dir mein Buch gefallen hat. Hast du Lust, mir zu schreiben? Ich antworte auch ganz bestimmt.

Schreib einfach an den

Verlag an der Ruhr
Postfach 102251
45422 Mülheim an der Ruhr

Viele liebe Grüße

Annette Weber

Verlag an der Ruhr

Auch aus dieser Reihe:

Das Gespenst am Kleiderhaken

Zum Inhalt dieses Kinderromans:

Lea traut ihren Augen nicht: Schaut das Gespensterkostüm im Dachbodenschrank ihr nach? Quatsch, Gespenster gibt's nur im Märchen ... oder ... auf dem düsteren Speicher der Schule. Das kleine Gespenst Gertrud hängt schon seit Wochen an einem Kleiderhaken fest und will nichts als nach Hause. Lea und ihr großer Bruder Lasse starten eine heimliche Befreiungsaktion ...

Postfach 10 22 51
45422 Mülheim an der Ruhr

Telefon 030/89 785 235
Fax 030/89 785 578

bestellungen@cornelsen-schulverlage.de
www.verlagruhr.de

■ **Das Gespenst am Kleiderhaken**
Lesestufe 1
Annette Weber
Ab 7 J., 56 S., A5, Paperback
ISBN 978-3-8346-2484-0

■ **Das Gespenst am Kleiderhaken**
Lesestufe 2
Annette Weber
Ab 7 J., 56 S., A5, Paperback
ISBN 978-3-8346-2485-7

■ **Das Gespenst am Kleiderhaken**
Lesestufe 3
Annette Weber
Ab 7 J., 56 S., A5, Paperback
ISBN 978-3-8346-2486-4

Weitere Titel in Planung.

Kids – Klassenlektüre in drei Stufen

Verlag an der Ruhr

Postfach 10 22 51
45422 Mülheim an der Ruhr

Telefon 030/89 785 235
Fax 030/89 785 578

bestellungen@cornelsen-schulverlage.de
www.verlagruhr.de

Auch aus dieser Reihe:

Das traust du dich nie, Jona!

Zum Inhalt dieses Kinderromans:

Jona kann es nicht fassen: Er soll bei den „Totenköpfen“ aufgenommen werden, der coolsten Bande der Klasse? Dumm nur, dass seine beste Freundin Meike die „Totenköpfe“ alles andere als cool findet. Heimlich stellt sich Jona den Mutproben der Bande. Zuerst läuft alles gut, doch dann muss Jona eine folgenschwere Entscheidung treffen, die auch seine Freundschaft zu Meike aufs Spiel setzt ...

Das traust du dich nie, Jona!
Lesestufe 1
Petra Bartoli y Eckert
Ab 8 J, 64 S., A5, Paperback
ISBN 978-3-8346-2438-3

Das traust du dich nie, Jona!
Lesestufe 2
Petra Bartoli y Eckert
Ab 8 J., 64 S., A5, Paperback
ISBN 978-3-8346-2439-0

Das traust du dich nie, Jona!
Lesestufe 3
Petra Bartoli y Eckert
Ab 8 J., 64 S., A5, Paperback
ISBN 978-3-8346-2440-6

Weitere Titel in Planung.

KidS – Klassenlektüre in drei Stufen